AF240031

PÉTITION

DES

HOMMES DE COULEUR

DE LA MARTINIQUE,

DÉPORTÉS AUX COLONIES ÉTRANGÈRES

PAR M. LE GÉNÉRAL DONZELOT,

EN DÉCEMBRE 1823 ET JANVIER 1824.

« Toute tentative de la part des hommes de couleur libres, pour
« revendiquer, même par voie de pétition, les droits civils et poli-
« tiques dont ils sont privés par les ordonnances coloniales, est
« un attentat contre l'ordre colonial; par suite de la distinction créée
« par la nature elle-même, ils ne doivent jamais perdre de vue
« le respect dû à la *classe* des blancs qui leur a conféré le *bienfait de*
« *la liberté et de la propriété.* »
(Arrêt de la Guadeloupe, du 28 mars 1827.)

PARIS,

IMPRIMERIE DE E. DUVERGER,

RUE DE VERNEUIL, No 4.

JANVIER 1828.

AUX DEUX CHAMBRES.

NOBLES PAIRS,

Messieurs et très honorables députés,

En 1822, nos compatriotes et nous, conçûmes la pensée de réclamer auprès de la Chambre des Députés son intervention, pour obtenir la modification des ordonnances coloniales qui nous oppriment, et que les dispositions du code noir, notamment l'art. 59, qui nous déclare égaux aux blancs, fussent remises en pleine vigueur.

Nous en fûmes détournés par la crainte de nuire par la publicité au succès de nos démarches, à cause de l'initiative du gouvernement et du droit qu'il s'attribue, malgré l'art. 73 de la Charte, de nous gouverner exclusivement par le bon plaisir.

D'ailleurs M. le général Donzelot, alors gouverneur de la Martinique, qui nous avait autorisés et même encouragés à lui exposer nos griefs, et M. le commissaire de justice, baron de la Mardelle, nommé par ordonnance du feu Roi, du 22 novembre 1819, pour entendre les réclamations de toutes les classes d'habitans, nous inspiraient alors une entière confiance.

Nos espérances ont été bien déçues : malgré les gages de fidélité que nous avions donnés en 1822, lors de la révolte des esclaves au mont Carbet, nous avons été, à la fin de l'année suivante, arbitrairement arrêtés par les blancs commissaires des paroisses, signalés comme des conspirateurs dans une adresse menaçante qu'ils firent au gouvernement, et déportés au nombre de 200, malgré la généreuse résistance de plusieurs membres du conseil privé, notamment de M. de Ricard, ordonnateur. On nous a refusé copie de ces décisions. Le Roi en son conseil les a déclarées *illégales* en novembre 1824. Nous n'avons pas la consolation de posséder cet acte de la justice royale. Nous avons demandé des réparations au moins civiles à M. le général Donzelot. Le conseil d'Etat n'a pas statué sur nos demandes. Il a commis un acte jugé arbitraire par son souverain, et il jouit de son grade et de ses pensions, tandis que nous gémissons dans les privations et dans la misère !

Sept d'entre nous ont été judiciairement condamnés à des peines afflictives et infamantes par un arrêt du 12 janvier 1824, annulé depuis par la Cour de cassation.

Quel était notre crime ? Uniquement celui d'avoir exercé l'humble droit de pétition, d'avoir revendiqué les droits civils, dont nous sommes dépouillés au mépris de ce qui a été stipulé en notre faveur, même par le code de l'esclavage.

La preuve en est que toutes nos pétitions, et notamment une adresse au Roi et à la chambre des députés, qui sont restées en projet, qui n'ont reçu aucune espèce de publicité, sont incriminées par la poursuite du procureur du Roi du Fort-Royal, en date du 13 décembre 1823, et qualifiées séditieuses par l'arrêt de la Cour de la Martinique, en 1824.

Le 28 mars 1827, la Cour royale de la Guadeloupe, en écartant par pudeur quelques-unes de ces pièces, a néanmoins maintenu au procès le projet d'adresse, un manuscrit de la main de Volny, intitulé : *Salus populi suprema lex esto*, et la brochure intitulé : *de la Situation des hommes de couleur libres aux Antilles françaises.*

Nous produisons avec les présentes la première et la troisième ; la seconde est restée jointe à la procédure dont il ne nous a jamais été délivré copie ; elle est insignifiante. Vous pourrez juger par vous-mêmes, si ces pièces ont le caractère séditieux qu'on leur a attribué ; si elles n'ont pas, au contraire, surtout les pétitions par nous écrites et qui ont été reproduites dans nos mémoires imprimés (p. 108 à 115 , 2ᵉ partie), cette humilité et ce respect qui conviennent à notre malheureuse position.

Tout a été tenté , soit auprès de l'administration, soit auprès de la Cour de cassation, pour obtenir au moins la désapprobation de la doctrine par laquelle la Cour royale de la Guadeloupe a consacré comme principe constitutif de l'ordre colonial, que le « caractère distinctif « qu'imprime la nature ne peut être effacé, et « qu'en accordant aux gens de couleur libres et « aux affranchis la jouissance des droits civils, « ces lois exigent que cette classe intermédiaire « ne perde jamais de vue le respect qu'elle doit à « la classe des blancs, qui lui a conféré le bienfait « de la liberté et de la propriété, et que toute « tentative de la part des hommes de couleur pour « effacer une distinction créée, dit-on, par la nature elle-même (c'est-à-dire toute pétition) est « un attentat à l'ordre et à la tranquillité publique « dans ces colonies. »

La condamnation étant fondée sur le recueil et la conservation d'écrits contraires à ces principes, et Bissette n'ayant été déclaré convaincu que d'avoir lu et donné communication *en particulier* à quelques amis, de la brochure incriminée, nous espérions que la Cour de cassation annulerait l'arrêt de la Guadeloupe pour violation de l'art. 59 du code noir, déni de justice et fausse application des lois pénales.

Cette Cour n'a répondu à Fabien, Volny et Bissette que par des fins de non-recevoir ; il ne leur reste plus que le droit de révision.

5

Si le recours en révision se consomme dans le secret du cabinet des ministres, les principes anti-sociaux écrits dans les arrêts de la Martinique et de la Guadeloupe subsisteront avec toute l'autorité que leur laisse la Cour de cassation.

Qu'a-t-on fait pour nous depuis la restauration? Tandis que dans les colonies anglaises, les hommes de notre couleur obtiennent les droits politiques', nous restons privés même des droits civils et des droits de l'humanité.

En 1819, le ministère parut songer à nous; nous avons cru aux promesses qui nous étaient faites; nous avons été les victimes de notre aveugle confiance.

On a bien, par quelques ordonnances (car les ministres ne connaissent que cette voie pour gouverner les colonies), essayé d'établir quelques garanties; mais tout repose sur la volonté des chefs de l'administration. C'est toujours le pouvoir absolu, qu'on a cherché à adoucir en le divisant autant que possible. Quant à nous, qu'y avons-nous trouvé? à Bourbon l'abolition du recours en cassation en matière criminelle, quand on le maintient en matière civile; comme si la vie et l'honneur des citoyens

(1) Ordonnance du gouverneur anglais de la Trinité, rendue sur les *pétitions* des hommes de couleur adressées à lord Bathurst, ministre des colonies, (5 janvier 1826).

étaient moins précieux que leur argent! Chez
nous, ce recours est maintenu; mais avec l'ordonnance de 1670, et son système de preuves
muettes, le recours sera interdit aux esclaves,
plus exposés cependant à l'arbitraire de la justice coloniale (ordonnance du 4 juillet 1827,
non insérée au bulletin des lois).

Il n'y a pas un mot dans ces ordonnances qui
soit relatif à l'état des classes; rien pour sous-
traire les esclaves aux mauvais traitemens, aux
meurtres impunément commis par leurs maîtres;
tandis que dans les colonies anglaises on leur
donne un défenseur public; rien pour les hommes
de couleur libres, malgré le hideux tableau
des vexations dont ils sont les victimes. Les ministres se sont bien gardés de reconnaître aux
colonies le droit d'envoyer dans votre sein des
hommes indépendans pour vous rendre compte
de leurs besoins, comme on l'a vu à toutes les
époques de la révolution. Il y a des députés
des colonies; mais ces députés sont institués
près le ministère de la marine, et c'est là (pour-
quoi le dissimulerions-nous), c'est là que sont
rivés les fers dans lesquels nous gémissons.

L'assemblée coloniale nous a accordé en 1792,
comme récompense de notre fidélité inviolable,
et conformément à l'initiative qui lui avait été
réservée par la métropole, les droits politiques
dont nos frères jouissent dans les autres établis-

semens coloniaux. Nous possédons un exemplaire authentique de ce décret, qu'on a eu soin de retrancher du code de la Martinique, de même qu'on a altéré dans le code noir le texte de l'article qui confère aux affranchis les mêmes droits qu'à ceux qui sont nés libres. Nous le produisons ici et le conserverons précieusement; nous défions les créoles de la Martinique de prouver que nous ayons jamais abusé de la concession, ni démérité de leur classe.

Au surplus, ce n'est pas de droits politiques qu'il s'agit. Est-ce un droit politique que celui de succéder et de recevoir par donation ou testament? Est-ce un droit politique que la faculté de donner à dîner à ses amis ou à sa famille sans la permission de personne? Est-ce un droit politique que celui de se livrer aux professions libérales, que le droit de se vêtir de telle ou telle manière, que celui de fréquenter les écoles, les promenades publiques, les théâtres? Est-ce un droit politique que celui d'épouser les personnes de la classe blanche qui veulent bien nous accepter pour époux, ou de marier nos filles à ceux des individus de race blanche, qui par leur amour pour le travail et leur bonne conduite nous paraissent dignes de ce choix?

Les blancs ont écrit dans leurs lois que nous pouvions les instituer nos légataires ou nos donataires, parce qu'alors le bienfait remonte à sa source!

Et de quelle manière remplissent-ils, à l'é-
gard de ceux d'entre nous qui leur sont unis
par les liens du sang, les devoirs de la pater-
nité? Est-il sans exemple qu'un blanc ait vendu
ses enfans de couleur?

C'est à eux, disent-ils, que nous devons le
bienfait de la liberté et de la propriété; mais
combien d'entre nous sont nés libres ainsi que
leurs pères?

Nous leur devons la propriété, quand ils font
du droit de travailler un monopole et qu'ils nous
interdisent toutes les professions lucratives;
quand ils cherchent à nous dégrader en nous
refusant les bienfaits de l'éducation? Ce que nous
sommes, nous ne le devons qu'à nous-mêmes, à
notre courage, à notre persévérance, aux privations de toute espèce que nous ne cessons de
nous imposer.

Nous nous adressons donc à vous avec pleine
confiance; faites cesser un état de choses si
contraire au droit de la nature, de l'humanité,
de la justice; nous ne pouvons plus le supporter.

Par procuration authentique des 25 et 28
mai 1827 à Castries, île Sainte-Lucie :

De MM. Joseph Baillard, Sébastien-Hylaire
Eloy, Louis Montrose, Jean-Louis Binquet,
Louis Edouard, François-Jean Sufrin Hébert,
Victor Rot, Adolphe Branchet, Constantin
Nonone, Pierre Berne Clavier, Elord Saint-
Jean, Joseph Dattier, Calixte Percin, Jean Nel-

son , Balaire Valsein , Jean Elie , Sainte-Rosé Moyse , Prudent Darcilly , P.-J. Toussaint , Numa Mirsa , Lolo Delem , Louis Séraphine , Louis Chou , Jean-François Semery , Mondesir Coupon, Eustache Toussaint, Michel Dufond, Etienne Pascal , Bory , François Lacour , Joseph Château , Michel Guérin , J.-B. Florestan , André Voltaire , Louis Anaclet , Jean-Pierre Amédée ,

Tous hommes de couleur, propriétaires et négocians à la Martinique, déportés à Castries.

Par procuration authentique du 18 juin 1827, au port d'Espagne, île Trinité.

De MM. Louis Léonce , Pierre Florent Floreusse, Augustin fils, Cantinol cadet, René-Sainte-Marie Boisnoir , Pierre Monthieu , Titus Marc , Eudoxie Sugnin, Edmond Damian, Darcy Floux , François Evaris , Paul Dubois , Valère Damian , Charles Raymond , Michel-Frédéric-J.-B. Dufresne , Julien Edmond , Louis Rivecourt , Remi , Surin Remi , Sainte - Croix , Ferdinand , Charles Baquian , Montlouis Baquian , Constantin Adelaïde , Stylite Désétages , Elisé Dupuis , Louis Landry , Pierre Bélisaire , Louis Modeste Choux , J.-B.-Christophe Pino , Eustache Guillaume , Justine Marthrose , Marthe Elise Justine , Victor Monnier , Timothée Rafin , François Montout , Joseph Laborde , Joseph Mondesir , Jean Caraïbe , J.-C.-M. Ursule , Joseph Ferdinand , Louis Desmartinières , Louison Castor , Julien Sainte-Marthe ,

Tous hommes de couleur , propriétaires et

négocians à la Martinique, déportés à la Trinité.

Par procuration de Volny, Bellisle-Duranto, Demil, Eugène Delphile et Frapart, bannis par jugement à Sainte-Lucie.

Par procuration du 25 mai 1827, au Roseau-Dominique, de MM. G. Saint-Aude, Armand, Jacques Lesgraces, Frédéric Montganier, Jacques Cadet, Saint-Cyr-la-Tour, Charlery Desgrottes.

Et de MM. Eriché et Hypolite Zenne, à Saint-Thomas.

Leur défenseur à la Cour de cassation.

ISAMBERT.

BISSETTE, FABIEN fils.

Paris, ce 27 janvier 1828.

PRODUCTION.

1° La brochure intitulée: *De la Situation des hommes de couleur libres aux Antilles françaises.*

2° Le projet d'adresse à la Chambre des Députés de 1822.

3° Le *Mémoire des déportés*, contenant l'adresse menaçante des commissaires de paroisse, l'arrêt de la Martinique et l'analyse de la législation coloniale.

4° Les mémoires justificatifs pour les *condamnés*; les autres pièces de la procédure, pétitions, adresses, et les ordonnances anglaises qui accordent les droits politiques aux hommes de couleur.

5° L'arrêté en placard de l'assemblée coloniale du 3 juin 1792.

6° Les mémoires et consultations présentés à la Cour de cassation en 1827, contenant l'arrêt de la Cour de la Guadeloupe.

7° Le plaidoyer de notre défenseur devant la Cour de cassation, et l'arrêt de cette Cour du 29 décembre 1827.